AF338377

UNE AUDIENCE

DE

POLICE CORRECTIONNELLE

A PONDICHÉRY

PAR

Emile SAROT

PARIS

LIBRAIRIE FURNE

JOUVET ET C\ie ÉDITEURS

5, RUE PALATINE

1885

POLICE CORRECTIONNELLE

A PONDICHÉRY.

UNE AUDIENCE

DE

POLICE CORRECTIONNELLE

A PONDICHÉRY

PAR

Emile SAROT

PARIS

LIBRAIRIE FURNE

JOUVET ET Cie ÉDITEURS

5, RUE PALATINE

1885

UNE AUDIENCE

DE

POLICE CORRECTIONNELLE

A PONDICHÉRY

Nous savons tous, en France, que *Pondichéry* est, depuis nos désastres dans les Indes Orientales, resté la principale de nos possessions coloniales de ce pays lointain. Mais, ce qu'est cette ville, et ce qui s'y passe, notamment au point de vue judiciaire, voilà ce que nous ignorons complètement, du moins en général; et pour mon compte, je ne connais aucune description imprimée venant, soit en français, soit, même, en d'autres langues, combler cette regrettable lacune.

Il est bien vrai que cette si intéressante colonie se trouve mentionnée dans plusieurs publications françaises modernes, telles que : le *Voyage dans l'Inde Méridionale* de GRANDIDIER (Tour du Monde, année 1869, *p.* 74 du tome I), et, surtout, les *Deux années sur la côte du Coromandel*, de Louis DE CHAROLAIS (p. 108 et suivantes). Mais de pareils travaux, destinés, assurément, plutôt à distraire un instant le lecteur, qu'à l'instruire sérieusement de la situation et des agissements des diverses localités y décrites, et notamment de celle-là, ne nous paraissent que bien peu répondre à ce qui serait désirable en semblable matière.

Sans doute, des auteurs anglais contemporains ne l'ont pas, non plus, entièrement négligée. Mais, outre que leurs ouvrages n'ont pas, que nous sachions, encore été traduits en notre langue, on comprend qu'ils se soient médiocrement étendus sur une ville étrangère à leur nation ; et que, surtout, ils aient complètement négligé d'en décrire, d'une façon plausible, les diverses institutions. C'est ce dont on se convaincra en parcourant, notamment, l'œuvre la plus détaillée que nous connaissions, d'eux, à cette occasion, c'est-à-dire : le *Guide* d'EASTWICK, *dans la présidence de Madras,* publié dans là collection *Murray.*

Maintenant, si, laissant de côté les travaux modernes — qui seuls, cependant, pourraient répondre au *desideratum* ici nécessaire — on essaie, faute de mieux, de se rabattre sur des études déjà anciennes, la lacune reste toujours aussi grande. On n'y rencontre rien, ni en France, ni en dehors, qui puisse éclairer sur ce que l'on voudrait si légitimement savoir. Des histoires banales sur les guerres de *Dupleix* puis de *Lally*, et sur leur désastreuse terminaison pour nous, voilà tout ce que l'on y découvre. Une peinture, tant soit peu détaillée—quelque surannée qu'elle fût aujourd'hui — soit des lieux, soit des institutions, voilà ce qu'on cherche, encore là, vainement. C'est ce qu'on peut aisément vérifier en compulsant nos grandes bibliothèques d'Europe; et si, après elles, on s'adresse à celle — si remarquable en fait d'ouvrages locaux—de Pondichéry lui-même, on ne sera pas plus favorisé.

Il y a donc, là, en définitive, à vrai dire, un sujet tout neuf à traiter! et nous félicitons d'avance celui qui — après avoir séjourné suffisamment dans cette ravissante station coloniale, et jeté autour de lui, pendant son passage dans celle-ci, maint regard perspicace, sur les nombreuses curiosités de tout genre qui s'y rencontrent — s'avisera d'entreprendre une description, plus ou moins approfondie, de ces dernières; et de profiter, ainsi, de l'espèce de monopole littéraire que lui auront, à cet égard, laissé la négligence ou l'insuffisance, complètes, de ses divers devanciers.

Nous ne pouvons, quant à nous, être celui-là ; bien que, dans un récent voyage à travers la péninsule indoustanique, nous soyons, nous-même, passé par cette capitale de l'Inde française, et y ayons pu rester quelques jours, uniquement consacrés à l'étudier de notre mieux. Effectivement, nous y sommes, malgré tous nos efforts pour la connaître, ainsi, sur place, demeuré trop peu de temps, pour avoir conquis le droit de la décrire d'une façon suffisante, et de remplir personnellement la fâcheuse lacune géographique que nous signalions tout à l'heure.

Il n'en est pas moins vrai que nous y avons pu faire — du moins, nous le croyons — plus d'une constatation de détail, jusqu'à présent complètement inédite, et de nature à intéresser vivement tout lecteur français désireux de savoir un peu, ce qui se passe, journellement, dans cette patrie du dehors, si avide, elle, de son côté, de se tenir au courant des événements de la métropole.

Les nombreux amateurs de curiosités judiciaires de toute sorte, en particulier, seraient, sans nul doute, heureux de connaître la façon dont la justice y est rendue, surtout aux indigènes de sang asiatique, tant de la ville elle-même que de la banlieue qui l'entoure d'une façon si peu régulière au point de vue géographique.

Mais, déjà, un semblable sujet — si restreint qu'il soit en apparence — serait des plus vastes à parcourir, en réalité :

Ne faudrait-il pas, en effet, pour le traiter d'une façon satisfaisante, se lancer, avant tout, dans une foule de considérations techniques préliminaires?

Par exemple, ne faudrait-il pas exposer, tout d'abord, la composition même des tribunaux de cette colonie; composition qui, du reste, ne diffère guère de celle de la mère-patrie, et y est la même — sauf en ce qui regarde les questions dites *de caste;* soumises, avant toute décision judiciaire, à un *comité « consultatif » de jurisprudence indigène,* à ce spécial — pour les natifs que pour les Européens y résidant ?

Ne faudrait-il pas, ensuite — quant au fond même du droit — aborder, préalablement, de longs et arides développements?

Ainsi, en matière « civile », du moins, ne serait-il pas nécessaire de donner, dès le début, un aperçu de la législation coutumière indoue; dont l'application, exclusive, aux indigènes, leur a, de tout temps, été garantie par les conquérants français, tant que les premiers n'avaient pas renoncé — comme on les sollicitait récemment à le faire (mais, en fait, sans aucun succès, ainsi que le révèle le *rapport* qui précéda

le décret du 26 février 1884, relatif aux droits
électoraux, futurs, des quelques adhérents dé
cette espèce), de la part d'un certain parti, soi-
disant « avancé » — à leur ancienne nationalité,
pour revêtir, désormais, celle des seconds?

Il est bien vrai, qu'en ce qui regarde les
matières « pénales », la difficulté semblerait, ici,
beaucoup moindre. Puisque, quant à elles, le
droit universellement seul, désormais, en vi-
gueur, n'est autre que le Code pénal français,
lui-même; à la différence de ce qui se passe
dans les possessions anglaises voisines, où — à
côté des coutumes civiles indoues, absolument
respectées, comme chez les nôtres — est venu se
placer un droit répressif, codifié, sans doute, par
la nation dominante, mais, en réalité, lui aussi,
formé de purs éléments indigènes, et complètement distinct des lois européennes appliquées
dans la métropole britannique.

Mais, encore à cet égard-là, que de réflexions
générales, primordiales, n'y aurait-il pas, pour
la bonne compréhension du sujet, à exposer sur
la société indoue : si différente, en la plupart
des points, de la nôtre, et où la culpabilité ne
saurait, sinon en théorie, du moins en pratique
journalière, s'apprécier, judiciairement, de la
même façon que s'il s'agissait d'administrés
purement européens !

Comment — pour préciser à cet égard, un

peu, les choses — s'engager, ici, dans la description effective, même de ce dernier ordre d'objets,
sans données fondamentales sur les *Castes*, si
nombreuses, qui, surtout dans le sud de l'Inde,
partagent — avec des obligations et des préro-
gatives spéciales à chacune d'elles — les indigènes du pays, en une foule de compartiments
hiérarchisés entre eux et n'ayant aucune com-
munication intérieure respective ? Distinction
sociale si profonde qu'elle survit, localement,
même à la conversion (relativement assez fré-
quente dans cette région) des indigènes, au
christianisme : de telle façon que dans les églises
catholiques de celle-ci, il a, de toute force, fallu,
pour satisfaire aux exigences des préjugés natifs, et malgré toute la répugnance, à ce sujet,
du clergé européen, notamment de son éminent
chef épiscopal actuel, Mgr Laouënan — dont le
nom va être de nouveau cité tout à l'heure —
établir et maintenir une séparation matérielle
(une « muraille », quelquefois) entre les fidèles
des « hautes castes » et celle des « basses », en
face même de l'autel du Christ égalitaire ! C'est
ce qui peut se voir jusque dans la capitale de
nos possessions indiennes, où la magnifique
cathédrale de la mission présente, à l'œil étonné
du visiteur étranger, une pareille anomalie ; qui
y semble, d'ailleurs, toute naturelle aux hâbi-
tants de la contrée.

Cela serait, assurément, une témérité ; ou,

plutôt, une impossibilité complète. Cela en serait, jusqu'à un certain point, une autre, aussi — dans les mêmes matières — de ne pas envisager, avant tout, plusieurs questions de détail, d'une importance journalière si grande dans le criminel indien, de la région méridionale surtout. Telle que celle des *mariages précoces* des filles, qui, fréquemment, donnent lieu — sans que le mari croie faire autre chose que d'user de son droit le plus sacré — à de véritables actes de barbarie physiologique, sur la trop jeune épousée. Telle, aussi, que celle des *infanticides* nombreux accomplis — avec la complicité, certaine, de tous leurs proches, sinon de toute leur caste — par cette foule de jeunes veuves indoues, qui, mariées, ainsi, dès l'enfance, souvent à un décrépit, se sont vues sortir du mariage sans l'avoir même consommé, et sans, d'un autre côté, pouvoir — d'après leurs lois nationales, ou, du moins, religieuses — en contracter, à l'avenir, un nouveau : situation qui, naturellement, les condamne, en fait, soit à un célibat perpétuel, soit à un désordre moral plus ou moins accentué, dont elles cherchent ensuite, par tous les moyens, à faire disparaître le résultat matériel, et ce, sans en éprouver, dans de pareilles conditions, le plus petit remords.

A coup sûr, ce que nous avons, ici, de mieux à faire à l'égard de semblables préambules — de quelque nature qu'ils soient — c'est de nous borner à en signaler, ainsi, la nécessité pour tout ouvrage sérieux, descriptif des juridictions dont s'agit ; et d'en renvoyer la solution aux traités spéciaux à eux relatifs. Par exemple : aux savantes études de ESQUER et de VINSON, sur les *Castes du sud de l'Inde ;* au curieux *Directoire du ministère ecclésiastique*, rédigé, pour le clergé de son diocèse, et, aussi, à la savante étude sur le *Brahmanisme*, produite récemment, par le présent vicaire apostolique de Pondichéry, Mgr LAQUENAN ; aux *principes de la loi indoue* de MACNAGHTEN ; à la judicieuse collection *d'arrêts de la cour d'appel de Pondichéry,* en semblable matière, composée, et publiée, par M. EYSSETTE, une des lumières de cette haute juridiction ; et, enfin — pour ce qui regarde spécialement l'île de Ceylan — au *Vocabulaire légal* de LE MESURIER, à nous procuré, sur place, par l'habile et aimable avocat indigène, M. *Goonetilleke,* membre du barreau de la ville cingalaise de Kandy.

Effectivement, s'y prendre autrement, serait se lancer, ici, dans une carrière sans issue ; qui, d'ailleurs, nous est formellement interdite par les limites mêmes du présent article.

Cela posé, pénétrons donc, maintenant, sans

plus de retard, dans un des sanctuaires de notre
justice Pondichérienne.

C'est devant la *Police correctionnelle* que
nous allons nous y transporter : après être, pour
cela, monté — à la porte de l'excellent, bien
qu'économique (quatre francs par jour), hôtel
Jeannet, où nous étions allé nous loger — dans
le singulier véhicule, appelé *pousse* (qui,
consistant en une sorte de voiture d'enfant,
dépourvue d'attelage antérieur, est, effectivement, « poussé » par derrière, par deux *coolies*,
ou hommes de peine, *ad hoc*), sans lequel un Européen, quelque bon marcheur qu'il fût, ne pourrait, décemment, d'après les usages, ou plutôt
les préjugés, de la ville, faire un pas dans les
rues de celle-ci.

Là, du moins, nous n'aurons pas à compter —
nous le savons déjà — avec les obscurités, ou,
en tout cas, l'inconnu, du droit indou. C'est la
législation française qui seule s'appliquera.
Néanmoins, la couleur locale pourra encore ne
pas manquer ; et, en effet, nous allons, bientôt,
en rencontrer à souhait.

Il fait bien chaud durant le trajet, assez long
du reste, qu'il me faut parcourir — au milieu
même de la journée, et sous un soleil de feu, bien
que l'on soit en novembre — pour atteindre, à
l'autre bout de la « ville européenne » (ici, comme

c'est, du reste, l'ordinaire dans l'Inde, complè--
tement distincte de la « ville indigène »), le tribunal
où va se passer l'exhibition judiciaire à laquelle,
en ma qualité d'avocat français, je désire tant
d'assister : après y avoir été, d'ailleurs, gracieu--
sement engagé par le magistrat qui, à lui seul
et sans assesseurs, compose la juridiction dont
s'agit.

J'avais, effectivement, rencontré celui-ci, quelques jours auparavant, chez un de mes aimables
correspondants locaux ; et, me voyant m'infor-
mer avec curiosité des diverses coutumes du
pays, il m'avait fortement recommandé de venir
assister à une de ses audiences, me promettant
de m'y donner un siège à ses côtés.

C'est ce qu'il exécuta, en effet ; ayant, de
plus, pendant lesdits débats, l'obligeance d'a--
jouter, à cette première politesse, des renseignements, à mi-voix, sur les particularités, de
la séance, auxquelles il ne me trouvait pas
encore initié.

J'y arrive, littéralement rôti par les rayons du
soleil, malgré toutes les précautions — de casque
en moelle de sureau, et d'ombrelle blanchâtre
— par moi prises pour m'en garantir. Mais c'est
l'habitude, chez les Européens, même implantés
dans le pays, de cuire, à Pondichéry ; et il n'y a
guère que les indigènes proprement dits, qui,

même en plein midi, puissent supporter, sans broncher, les ardeurs pénétrantes d'une telle et si permanente combustion.

Enfin, me voici désormais à l'abri ; bien qu'à l'intérieur du bâtiment de l'audience — qui n'est autre que celui du tribunal de première instance — il fasse encore une chaleur plus que raisonnable.

Celui-ci a, cependant, été construit et disposé pour l'atténuer autant que possible. La salle des débats, surtout — ouverte de tous côtés, à l'air, sinon au soleil, et, de plus, munie, à l'intérieur, de *Pankhas*, ou longs éventails horizontaux, pour activer la circulation du premier ; en même temps que protégée, contre le second, par des stores continus — est parfaitement appropriée à un semblable climat.

Elle est, au moment où j'arrive, déjà remplie par un personnel des plus pittoresques. L'audience est commencée ; et je puis, dès le début, me donner un coup d'œil de ce qu'elle présente de véritablement intéressant pour un voyageur tel que je l'étais alors.

On n'y remarque que trois Européens, à savoir : le *lieutenant de juge*, qui la préside, ou, plutôt, qui la tient à lui seul ; un substitut, qui y conclut ; et un avocat, chargé d'y défendre certaines causes. Tous les trois, du reste, en robes noires, telles que les mêmes fonctionnaires de la justice les portent en France.

Quant aux autres officiers judiciaires présents, ce sont, tous, des indigènes proprement dits ; depuis le commis-greffier et l'interprète Tamoul, jusqu'aux huissiers-audienciers. Ils portent, les uns et les autres, le léger costume indien ; et ils appartiennent, invariablement — de même qu'au reste, en général, tous les employés natifs du gouvernement — à des castes plus ou moins élevées ; où il a fallu, nécessairement, les prendre, sous peine de déconsidération, de l'institution qui les met ainsi en œuvre, aux yeux de toute la communauté de leurs compatriotes.

Ce costume indigène est, en lui-même, des plus simples, bien qu'il varie quelque peu selon la caste, plutôt encore que selon le goût de chacun. Pour les hommes, il se compose, ordinairement, d'une pièce d'étoffe couvrant le milieu du corps, en forme de caleçon, puis d'une autre draperie enroulée négligemment autour du buste ; un turban s'y ajoute souvent, mais jamais de chaussures. En avoir, serait, même, inconvenant dans beaucoup de cas : témoin ce défenseur indigène, condamné, naguère, disciplinairement, à Pondichéry même, pour n'avoir ôté les siennes avant de pénétrer dans le prétoire. Un grand nombre de gens de différentes castes — les

coolies, surtout — vont, d'ailleurs, absolument
nus, sauf un mouchoir passé entre leurs jambes
et se liant, en ceinture, autour de la taille.
Quant aux femmes, semblables décors, ou à peu
près, avec un peu plus de vêtements, cependant,
et, aussi, des bijoux sans nombre, aux oreilles,
aux narines, aux poignets, aux coudes, aux che-
villes, et aux orteils, mais sans autre couvre-
chef que leurs noirs et abondants cheveux,
qu'elles n'ont garde de se faire raser comme le
fait — sauf une touffe postérieure — l'élément
indou masculin.

Cette description s'applique, d'ailleurs, aussi
— sauf quelques légères modifications — à l'ha-
billement des mahométans, en général, qui for-
ment une partie assez importante de la popula-
tion locale. Un rasement complet de la cheve-
lure chez les hommes; et, chez les femmes, un
voile dont elles usent assez rarement, voilà ce
qui différencie le plus ce dernier accoutrement;
et c'est, on le comprend, assez peu de chose.

C'est, naturellement, surtout parmi le public
des prévenus, des témoins et des nombreux
curieux de la séance, que j'ai à étudier ce
costume natif. Je l'y rencontre sous toutes ses
formes locales. Du reste, j'ai, là, sous les
yeux, des échantillons de presque toutes les
tribus du pays : *Brahmines,* au teint clair, et à
la toge blanche; *Vellajas* — ou grands cultiva-

teurs — à l'air également noble, mais à la peau
et aux vêtements plus foncés, dont le « Gourou »
(ou chef spirituel) local habite auprès de la fa-
meuse pagode, voisine, de Villenour; *Chettis* —
ou gros commerçants — encore inférieurs aux seconds dans la hiérarchie sociale et éthnologique
de la contrée, mais néanmoins, eux aussi, à la
figure intelligente, et à la démarche aisée; noirs
parias, presque nus, et se tenant timidement à
l'écart = les uns et les autres, marqués, au front,
des signes, horizontaux ou verticaux, de *Siva*, ou
bien de *Vichnou;* musulmans *Lebbys*, de race
arabe mélangée d'indou, et reconnaissables à
leur type quasi-sémitique, ainsi qu'à leur bonnet
cylindrique. Telle est — sans compter quelques
métis européens, quelquefois, aussi, et même
plus, bruns que les vrais Indous, mais portant,
ou à peu près, le costume des Français proprement dits — la vaste mosaïque qui, là, s'offre
à mes regards; et, ne fût-ce que pour la con-
templer dans ce complet assemblage, je n'aurais
pas perdu — tant s'en faut — à me déplacer par
une telle température.

Mais l'audience proprement dite, dans son
débat lui-même, devait bientôt me fournir d'autres sujets d'étude, plus intéressants encore pour
les amateurs de curiosités judiciaires.

Effectivement, une cause nouvelle — succédant à celle, à peu près terminée, pendant laquelle j'étais entré — est, bientôt, appelée ; et, naturellement, j'y suis tout oreilles : en bénéficiant, d'ailleurs, tout le premier, du secours, de traduction des récits en *Tamoul* (langue indigène du pays), soit du prévenu soit des témoins, que me fournit, en fait, l'interprète assermenté dont la loi elle-même prescrit formellement l'emploi en pareil cas, même alors que, grâce à sa connaissance personnelle de cette langue locale, le juge pourrait facilement s'en passer pour son édification effective.

Car il s'agit là — comme dans la plupart des cas judiciaires du lieu — de natifs indous.

Un d'eux—un « Brahmine »—est accusé par un autre—un homme de « basse caste »—de l'avoir frappé, parce que ce dernier aurait, en passant, voulu regarder, de trop près, la femme du premier.

Le prévenu nie énergiquement le fait; et, à ses yeux, comme à ceux de son avocat, un argument irréfutable de son innocence, venant pulvériser toutes les dépositions contraires, en cette occasion fournies par son adversaire à l'appui de sa plainte, c'est : que lui, « homme de haute caste », n'aurait, quels que fussent ses griefs contre celui-ci, jamais « pu s'abaisser » — au risque de se dégrader à jamais—jusqu'à frapper, lui-même, un être aussi « abject », et d'un contact aussi impur, que celui-là! Tout au plus l'eût-il « fait battre » par un de ses serviteurs. Mais, quant à y avoir touché personnellement, cela lui était de toute impossibilité; et nul ne pouvait, un seul instant, admettre la réalité d'une aussi monstrueuse supposition !

Un semblable argument peut, en France, nous sembler bien étrange. Mais, à Pondichéry, il était, en réalité, décisif. Aussi le prévenu fut-il acquitté; en dépit de tous les témoignages *de visu*, administrés, par le dénonciateur, à l'appui de la poursuite.

Il est vrai que la fausseté de ceux-ci était fort possible, et même fort probable : émanés qu'ils étaient de gens de castes infimes, et, par suite, en fait, naturellement peu scrupuleux sur la sincérité de leurs déclarations judiciaires. D'ailleurs, n'est-il pas connu de tout le monde, à Pondichéry : que, d'une façon générale, on peut pour un *fanon*—ou environ « six sous »—toujours s'y procurer un faux témoin, indifféremment dans à peu près toutes les castes ? car, tel y est le tarif bien constant, en semblable matière!

Ce n'est pas, cependant, que la loi française, et aussi la pratique judiciaire locale, n'aient fait, depuis longtemps, tout leur possible pour remédier à un pareil état de choses ; et n'aient, par exemple, compris dans la formule ordinaire du serment testimonial — ainsi que nous le vîmes, alors, nous-même, appliquer — l'absorption d'une gorgée d'*eau* dite *du Gange* (prise, en réalité, dans le puits voisin), destinée, grâce au préjugé, populaire, de sainteté, attaché, par les Indiens, à un pareil liquide, à inculquer, aux témoins natifs, la crainte religieuse de coliques vengeresses s'ils s'avisaient de se risquer à une déposition mensongère. Laquelle eau leur est, du reste — pour se conformer, encore sur ce point, à la distinction essentielle des castes — versée, soit par un brahmine, soit par un homme de race inférieure, selon celle à laquelle ils appartiennent, individuellement, eux-mêmes.

Mais — malgré toutes ces précautions de la justice locale, à cet égard, et même celle, si spéciale, dont on vient de parler ; à laquelle au surplus, les Anglais, eux, ont fini par renoncer, dans leurs tribunaux indoustaniques — la dissimulation, intéressée, de la vérité, est trop bien dans les habitudes nationales des Indigènes locaux, pour qu'il y ait, le plus souvent, la moindre foi à ajouter à leur témoignage oral, quelque solennellement qu'il ait, en apparence, été fourni. Aussi n'est-il pas rare de voir — comme dans le cas ci-dessus raconté — les magistrats devant lesquels il est prêté, n'en tenir aucun compte dans la formation de leur décision.

La cause ainsi jugée étant la dernière de la journée, je dus, après l'avoir entendue, regagner mon véhicule d'arrivée, en regrettant d'en avoir sitôt fini d'un spectacle dont l'exhibition journalière doit être si féconde en renseignements locaux, à la fois vivement pittoresques, et scientifiquement instructifs.

Coutances. — Imp. de Salettes, libraire-éditeur.

OUVRAGES DU MÊME AUTEUR :

—

CHEZ SALETTES, LIBRAIRE-ÉDITEUR

A COUTANCES

ÉTAT DU COTENTIN EN 1789, brochure in-8°.

ORGANISATION DES POUVOIRS PUBLICS DANS LA MANCHE PENDANT LA RÉVOLUTION, volume in-8°.

LES TRIBUNAUX RÉPRESSIFS ORDINAIRES DE LA MANCHE PENDANT LA RÉVOLUTION, 4 volumes in-8°.

LA COMMISSION MILITAIRE ET RÉVOLUTIONNAIRE DE GRANVILLE EN L'AN II DE LA RÉPUBLIQUE, brochure in-8°.

LES HABITANTS DE LA MANCHE DEVANT LE TRIBUNAL RÉVOLUTIONNAIRE DE PARIS, volume in-8°.

LA CHOUANNERIE DANS LA MANCHE, brochure in-8°.

LES SOCIÉTÉS POPULAIRES DE COUTANCES PENDANT LA RÉVOLUTION, brochure in-8°.

BIBLIOGRAPHIE RÉVOLUTIONNAIRE DE LA MANCHE (1re série), brochure grand in-8°.

———

CHEZ FURNE ET JOUVET, ÉDITEURS

A PARIS

UN TOUR DANS L'INDE (1re partie), volume in-16.